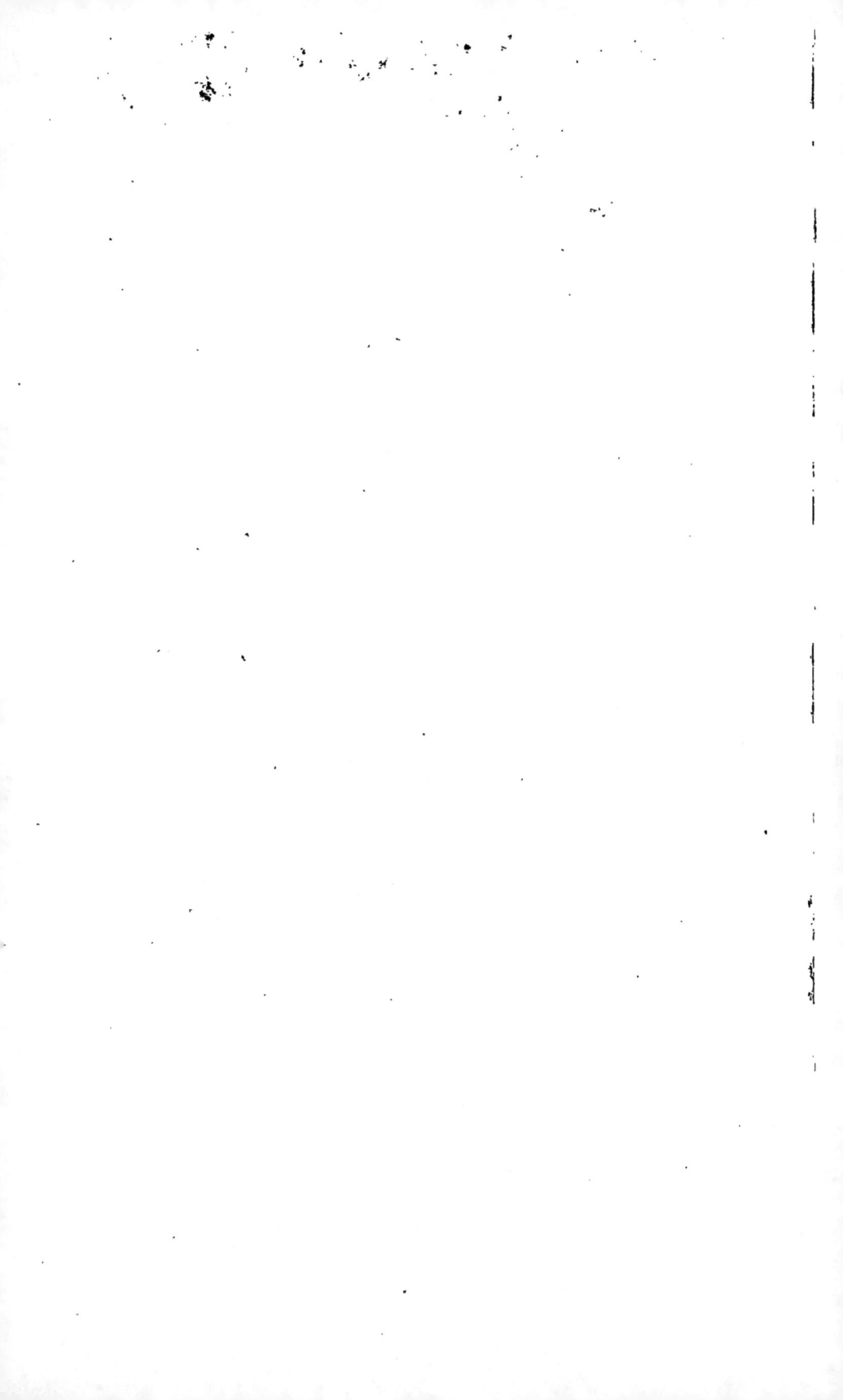

Ln 21844.

VIE MILITAIRE

DU

GÉNÉRAL DURUTTE.

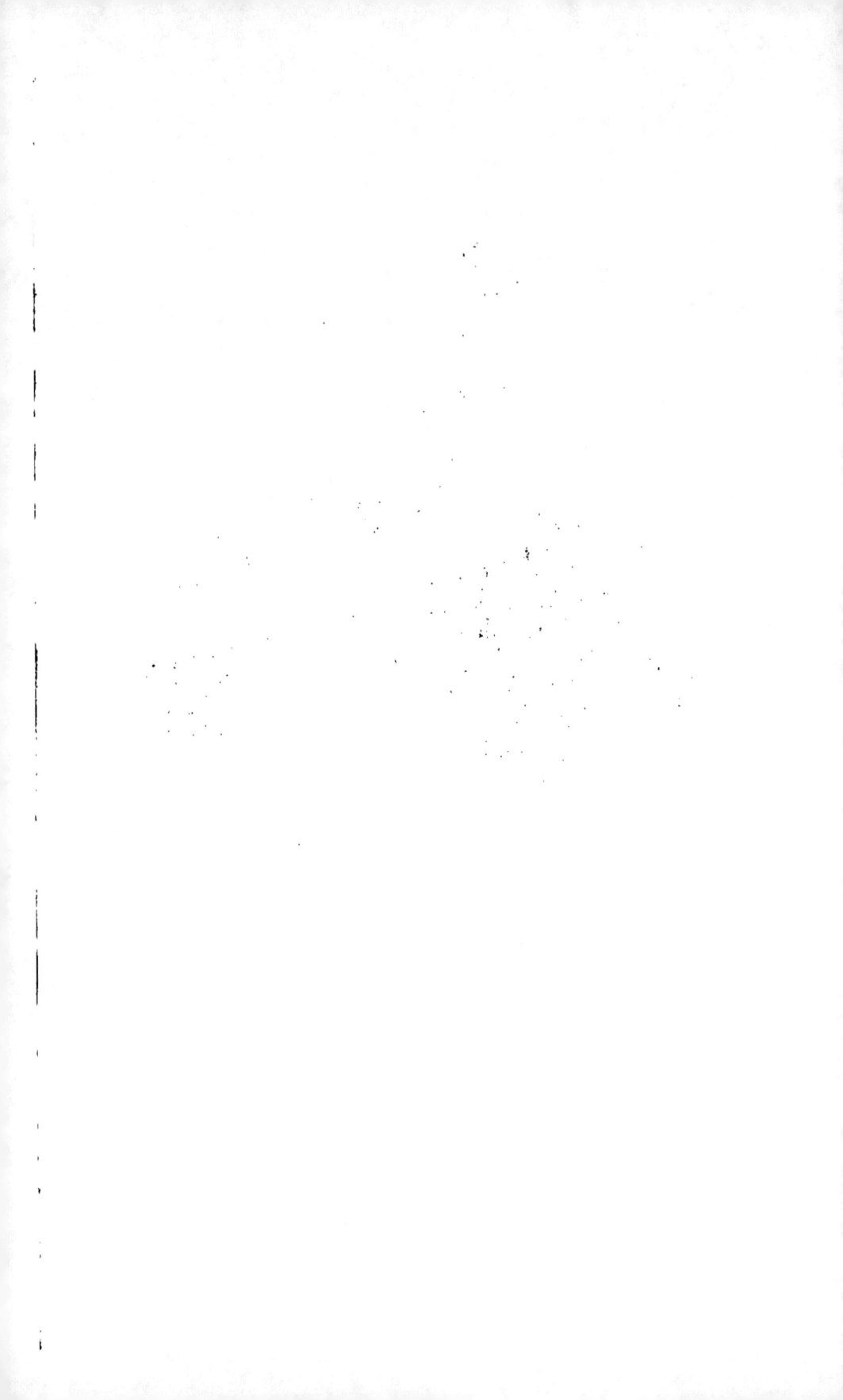

PRÉCIS

DE LA VIE MILITAIRE

DU

LIEUTENANT-GÉNÉRAL

COMTE

FRANÇOIS DURUTTE,

Né à Douai, le 14 juillet 1767,
Mort à Ypres, le 18 avril 1827,

———

A DOUAI.

Chez CONTREJEAN - CAMPION , libraire,
rue de la Cloris.

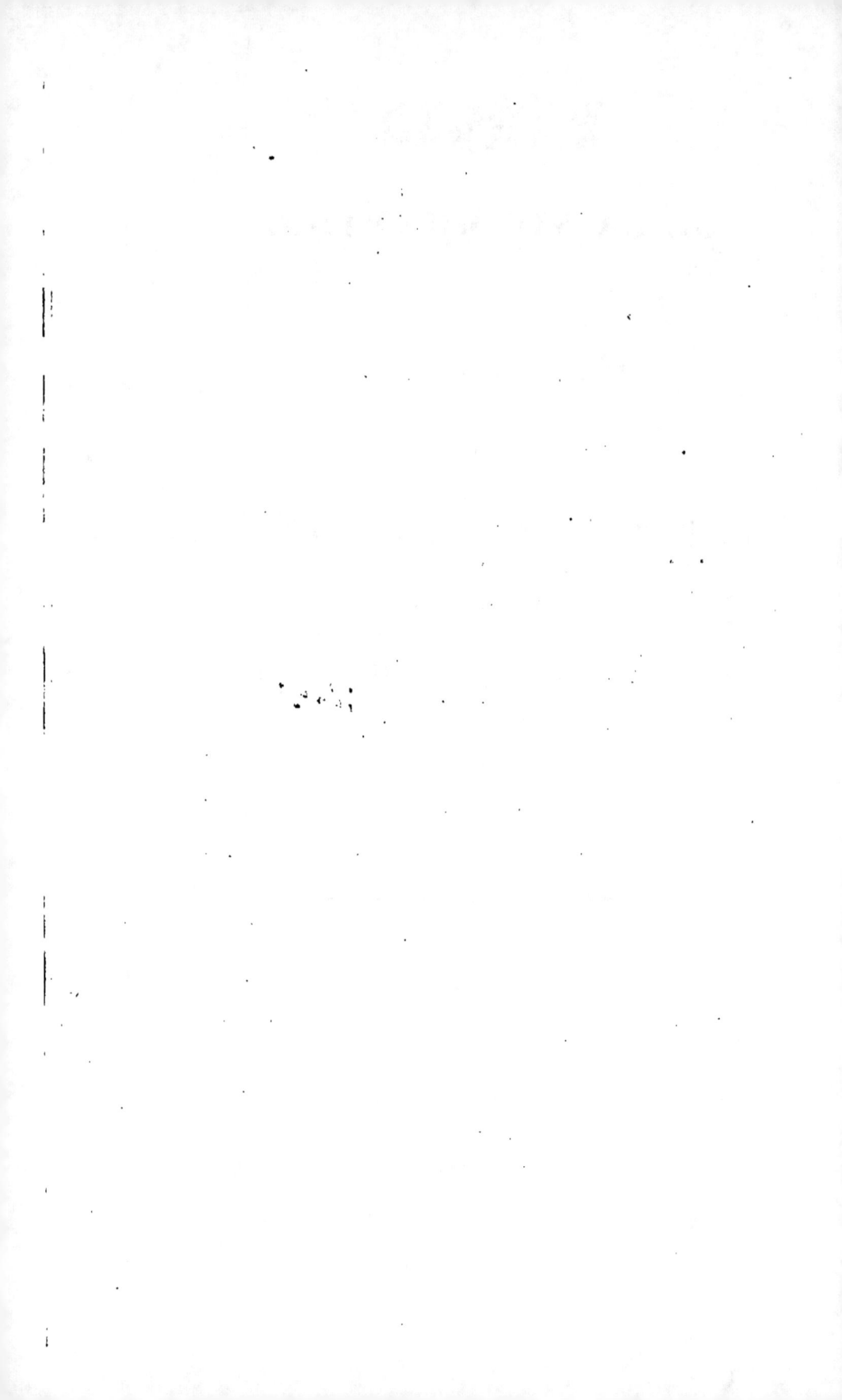

PRÉCIS

DE LA VIE MILITAIRE

DU

LIEUTENANT-GÉNÉRAL

Comte FRANÇOIS DURUTTE,

Né à Douai, le 14 juillet 1767,
Mort à Ypres, le 18 avril 1827,

Dans le court intervalle des vingt-cinq années qui se sont écoulées entre les batailles de Valmy, Jemmapes et celle de Waterloo; des faits extraordinaires se sont pressés, accumulés si prodigieusement, que leur ensemble a créé une époque peut-être unique dans les fastes de l'histoire; il a donné un caractère ineffaçable aux hommes et aux choses; ce caractère a été tel, que ces mêmes hommes, ces mêmes choses, tour-à-tour poussés et refoulés par le flux et reflux des événemens, se dessinent déjà à notre imagination contemporaine avec les colossales proportions de l'antiquité.

Parmi le grand nombre d'hommes qui, toujours fidèles à leur patrie, ont suivi toutes les chances de sa fortune, le lieutenant-général

1

comte François Durutte mérite d'être cité d'une manière honorable et toute particulière. Ce brave qui n'a jamais parlé de lui, et sur lequel les bulletins impériaux ont gardé souvent un injuste silence, ne se doutait pas qu'une main amie retracerait un jour les principaux faits de sa vie glorieuse.

Issu d'une famille commerçante de Douai, élevé dans l'aisance, et doué d'une imagination vive et d'un goût inné pour les arts (*), l'avenir lui offrait de longues années d'étude, de plaisir et de bonheur ; mais à la voix de la patrie menacée, il quitte une mère tendrement aimée, s'arrache au foyer domestique, et va volontairement rejoindre le 3.e bataillon du Nord, alors en garnison à Gravelines, et que commandait un de ses intimes amis, le lieutenant-colonel Félix.

Aussitôt la guerre déclarée, son bataillon entre en campagne ; Menin, Courtray sont les témoins des premiers faits d'armes de Durutte ; nommé adjoint du lieutenant-colonel Félix, récemment promu au grade d'adjudant-général, il assiste à la bataille de Valmy.

La mémorable bataille de Jemmapes gagnée contre les plus vieilles et les plus vaillantes troupes de l'Europe, créa une pépinière de

_____

(*) Le général Durutte fut un des fondateurs de la société philarmonique de Douai.

héros. L'un d'eux, le jeune Durutte que Du-
mouriez désignait sous le nom du *petit brave,*
y conquiert l'épaulette de lieutenant.

Comme lieutenant, il fait partie de l'avant-
garde chargée d'achever en janvier 1793,
sous le commandement de Berneron, l'expédition de Hollande. Cette avant-garde emporte
d'assaut le fort de Klundert ; le jeune Durutte
y pénètre un des premiers, et dans une de ses
redoutes, trouve le brevet de capitaine.

Le siége de Williemstadt, entrepris au mois
de février de la même année, et pendant lequel
Durutte remplit constamment les fonctions de
major de tranchée, lui donne l'occasion de
prouver que les Français savent associer la per-
sévérance au courage ; blessé d'un coup de feu,
il tient cette blessure secrète, autant pour ne
pas s'éloigner de ses compagnons d'armes, que
pour épargner des inquiétudes à sa mère.

Rendu à sa famille après la capitulation
d'Anvers, il y attendait de nouvelles occasions
de se signaler. Il n'attendit pas long-temps.
Le brave Dampierre qui l'avait remarqué à
Valmy et à Jemmapes lui présente le brevet
d'adjudant-général ; il refuse, parce que nommé
capitaine depuis peu, il ne croit pas avoir encore assez fait pour mériter ce grade. Cette
délicatesse si rare, si digne d'éloge sera-t-elle
comprise de nos jours ?

Malgré sa modestie, Durutte chargé provisoirement des fonctions d'adjudant-général, chef d'état-major de la division Landrin, se distingue à la bataille d'Honschoote, et aux affaires qui précèdent et suivent cette journée.

Déjà les troupes le désignaient par acclamation pour succéder à un général destitué, lorsqu'il exhibe en riant son brevet de capitaine, et fait tomber le choix sur le bravé colonel Gigot. Ce colonel qui jouissait d'une haute réputation, fut peu de temps après sa promotion, dénoncé comme traitre à la patrie par deux représentans du peuple; et c'est à l'époque même où la terreur légalement proclamée couvrait la France de bourreaux, où une simple accusation était un arrêt de mort, que le jeune Durutte eut le courage d'élever la voix en faveur de l'accusé, de demander à partager son sort. Il obtint le rare triomphe d'arracher à l'échafaud un frère d'armes sur lequel il venait d'appeler les récompenses que l'armée lui décernait à lui-même ; il se crut trop payé de ses services, en se voyant confirmé dans le grade d'adjudant-général, que jusqu'alors il avait rempli provisoirement.

Chef d'état-major du corps d'armée de Michaud, occupé en 1794 au siége d'Ypres, il commande la tranchée en l'absence d'un général de brigade, fait capituler cette place, et se concilie l'affection des habitans. Pendant son court séjour dans cette ville, il obtint la main de Melle ..... de Meezemaker, appartenant à une famille considérée de Flandre. Peu de temps après, l'adjudant-général Durutte déploie toute son activité au siége de Nieuport, de l'Ecluse, laisse filer l'armée sur la rive droite de l'Escaut, et bientôt à la tête d'un corps hâtivement organisé, bloque Philippine, Sas-de-Gand, Axel, Hülst, et réduit ces places à capituler.

Nommé sous-chef du grand état-major de l'armée du Nord par Moreau, il quitte cette armée en 1795, au moment où ce général prend le commandement de celle du Rhin, et va combattre sous les ordres de Souham, dans Lover-Yssel, la Frise, la Zélande; ensuite, il dirige l'avant-garde de Brune et de Dandels.

L'opiniâtreté avec laquelle il se maintient dans la position d'Oost - Capelle est une des principales causes du gàin de la bataille de Bergheim; mais destiné pour ainsi dire à laisser sur tous les champs de bataille des traces de sa présence et de sa bravoure, il a, dans cette journée, l'oreille droite déchirée par une balle (1).

---

(1) Dans la campagne de 1799 en Nord-Hollande, le 19 septembre à 4 heures du matin, l'aile gauche de l'armée anglo-russe attaquait la position de l'aile droite gallo-batave; le colonel Durutte, à cette époque chef de l'état-major du général de division *Brune*, fut blessé à l'oreille par un coup de fusil des tirailleurs anglais, à peine fut-il pansé, que l'ennemi ayant pris une batterie

Passant de l'avant à l'arrière-garde, il couvre la retraite de l'armée française sur Beverwick, et le grade de général de brigade est le prix de sa belle conduite à Castricum.

Rappelé par Moreau qui l'avait jugé homme de talent et de cœur, il secourt, dégage à Mœrskirck la division-Delmas qui avait supporté tout le poids de cette affaire, se fait remarquer à Ergern, force le premier la position de l'ennemi à Bibra, en passant à gué la rivière de Laris, à la tête de deux bataillons de grenadiers, et tombe le 2 décembre 1800 si heureusement à Hohenlinden sur un corps bavarois, que plusieurs bataillons mettent bas

---

de quatre pièces, le brave colonel, à la tête de 200 grenadiers et volontaires, la reprit et se tint ferme ; mais comme l'ennemi pressa l'aile droite, le général *Dandels* fut forcé d'abandonner la position du village (Oud-Carspel) ; l'intrépide colonel Durutte n'abandonne point la batterie ; voyant la nécessité de couvrir la retraite (qui s'exécute très rarement sans désordre) jusqu'au moment où l'ordre fût rétabli ; lorsque les quatre pièces furent clouées et jetées de leurs affûts, les munitions et l'attirail renversés dans le fossé, il suivit la retraite en bon ordre jusqu'au moment où il se fut mis en position; le 23 au matin, la position fut reprise sous les ordres du colonel.

Comme l'un des témoins oculaires de toutes les affaires de cette campagne, il m'est bien agréable de rectifier ce fait de la biographie de Durutte.

(Note du général Mollsberger.)

les armes, et que sept pièces de canon demeurent en son pouvoir.

L'ennemi retranché à Lofen derrière la Saltz, se préparait à en défendre vigoureusement le passage.

Le général Durutte, après des prodiges de valeur, aborde le premier sur la rive ennemie, et par une marche rapide, paraît à la tête de la division Decaën devant Saltzbourg, où Lecourbe attaquait le prince Jean d'Autriche ; Durutte survenant ainsi, étonne les Impériaux, menace leurs derrières, et les force à la retraite.

A la paix de Lunéville que la France avait achetée par tant de sacrifices, de travaux et de victoires, le général prend le commandement du département de la Lys ; et Bonaparte, 1.er consul, malgré sa partialité pour les militaires qui avaient servi immédiatement sous ses ordres, sentant qu'il était aussi injuste qu'impolitique de laisser ceux de l'armée du Rhin sans récompense, l'élève au grade de général de division.

L'Angleterre, retranchée derrière l'Océan couvert de ses flottes, et toujours prête à créer des ennemis à la France, semblait seule encore défier le génie de Bonaparte et la puissance de nos armes ; fier de ses succès, fort de nos antipathies nationales, le 1.er consul en rêva la conquête.

Aussitôt commencèrent, sur les rives de l'Océan, des préparatifs proportionnés à l'importance d'une pareille entreprise. Ici, Napoléon crée des camps volants, là de nombreuses flotilles, les uns comme points de réunion et d'évolutions, les autres comme moyens de transport et d'attaque.

Cette expédition convenait au grand capitaine, à la grande nation. Traitée de chimère et de fanfaronnade par la malveillance et la frivolité, mais légitime et nécessaire alors à la dignité de l'Europe, elle fut méditée par la sagesse et préparée par le génie; elle aurait réussi si d'autres ennemis n'étaient venus, à leurs risques et périls, faire une diversion qui sauva l'Angleterre. Les camps furent levés.

Le général Durutte avait eu, sous les ordres de D.***, le commandement du camp de Dunkerque; de facheux démélés les désunirent, et ce maréchal profitant de la conspiration de Pichegru et de Moreau pour perdre un brave dans l'esprit du chef de l'Etat, le présenta comme ancien ami de ces deux célèbres proscrits, et le fit éloigner de l'armée active.

Il commandait en 1805 à Toulouse, lorsqu'il reçut l'ordre d'aller prendre le commandement de l'île d'Elbe, menacée, disait-on, par les Russes et les Anglais réunis.

C'était une véritable disgrâce, à peine voilée d'un prétexte; ainsi, les suggestions de D.***

enlevèrent à la France continentale un de ses
plus zélés défenseurs, à l'armée active de Napoléon un de ses généraux les plus désinté-
ressés. Cette espèce d'exil dura trois ans. Le
général se vengea par de nouveaux services, en
se faisant remarquer sous les ordres d'Eugène,
vice-roi d'Italie.

Arrivant sur l'Adige où nos légions obser-
vaient les Impériaux, en moins de trois jours,
il tourne l'aile gauche du prince Jean d'Autriche, marche rapidement par Longnago et
Mestre sur Padoue, débloque Venise, attaque
Trévise, pénètre dans cette place, et en ouvre les
portes à l'armée française qui s'avançait par la
route de Vérone.

Le prince Eugène après avoir passé la Piave
et le Tagliamento, se dirigeait sur la Carinthie.
Arrêté au défilé du fort de Malborghetto, ce
prince charge Durutte de prendre ce fort d'assaut ; l'intrépide général lance sa division, et
lui-même à la tête des grenadiers du 92.e de
ligne, s'empare du blockaus supérieur.

Cette action, l'une des plus vigoureuses des
guerres de la révolution, et que le général en
chef Grénier avait jugé devoir coûter plus de
2,000 hommes, n'en coûta que cent, grâce aux
dispositions de l'assaillant et à l'impétuosité
de son attaque; blessé au bras droit, rien ne
peut arrêter le général Durutte, et de concert
avec Séras, il surprend à St. Michel le corps de

Guilay, le met en déroute; contribue spéciale-
ment au gain de la bataille de Raab, et se si-
gnale à Wagram.

La division Durutte eut une large part des
récompenses que l'empereur accorda à la suite
de ces brillantes et décisives journées; son chef
seul nommé Baron, il est vrai, fut oublié dans
les bulletins de la grande armée; cet oubli à
la fin devenu scandaleux, indigna tellement le
prince Eugène, qu'il ne voulut point que le
bulletin de la bataille de Raab fût distribué à
son armée.

Après tant de fatigues et de périls, le général Durutte espérait pouvoir donner aux affec-
tions domestiques quelques instans dérobés à
la gloire; mais Napoléon ayant décrêté la réunion de la Hollande à la France, il reçut l'ordre
de se rendre en poste à Amsterdam dont il venait
d'être nommé gouverneur, et peu de temps après,
l'empereur voulant mettre les provinces hol-
landaises sur le pied des départemens français,
l'envoya à Groningue avec plein pouvoir d'y
organiser la 32.ᵉ division territoriale, et d'ar-
mer la côte, depuis le Texel jusqu'à l'Iade.

Tout en exécutant ces ordres, le général
Durutte sut, par un esprit sage, adoucir ce
qu'ils avaient parfois de trop acerbe; esclave
de son devoir, il sut concilier, et ce qu'il devait
à l'autorité, et ce qu'il devait à la justice et à
l'humanité. Son désintéressement, sa bonté et

sa fermeté l'auraient fait aimer des Hollandais,
si un peuple vaincu et dépouillé pouvait aimer
ceux qu'il regarde comme ses spoliateurs ; ils
ne purent du moins lui refuser leur estime, et
en janvier 1812, le *Moniteur* publia un témoignage éclatant de la considération dont, à si
juste titre, il avait joui en Hollande. Un poste
plus important encore lui fut bientôt confié ;
la ville de Berlin dut obéir à ses ordres ; le roi
de Prusse, auquel on imposait un gouverneur
étranger dans sa propre capitale, avait de-
mandé lui-même au chef de l'empire, que cette
grande charge fût confiée au général Durutte,
commandant depuis quelques mois dans le
Mecklenbourg et la Poméranie.

Ce même homme qui, parvenu au généralat
depuis plusieurs années, loin d'augmenter son
patrimoine, l'avait en partie dépensé au ser-
vice de son pays, refusa toute espèce d'indem-
nité de la part du roi, pendant le temps que
dura son gouvernement de Berlin (1).

Il maintint l'ordre et la tranquillité dans
cette capitale, et la discipline la plus sévère
dans dix-huit bataillons français cantonnés
dans la capitale et ses environs.

C'est ici le moment de parler, avec quelques

---

(1) Lorsque le comte Durutte parvint au généralat, son
revenu était de 1500 fr. moindre qu'à l'époque de son
enrôlement comme volontaire.

détails, d'un événement remarquable dont les circonstances sont peu connues, et dans lequel le général Durutte joua le principal rôle; c'est la prise de la forteresse de Spandaw en pleine paix.

Napoléon qui, dant l'intérêt de ses projets ultérieurs, tenait singulièrement à se rendre maître de cette forteresse réputée imprenable, et sans la possession de laquelle, l'occupation de Berlin, ne lui présentait qu'un avantage précaire, lui avait donné en 1812, l'ordre de s'en faire ouvrir les portes par tous les moyens possibles.

Le général Durutte hésita; la loyauté, disons-le, commenta un instant l'obéissance, mais envisageant bientôt de quelle importance il était pour l'empereur, pour le roi de Prusse même, que cette opération se fît sans effusion de sang, et à l'insu des alliés, calculant d'ailleurs tout le bien qu'il pouvait faire, tout le mal qu'il pouvait empêcher, il s'en chargea. Ayant remarqué que des soldats d'artillerie, sous la direction de M. le lieutenant Cervais, travaillaient habituellement près du fort, il s'adresse un jour à cet officier, lui explique succinctement sa mission, lui recommande, dès qu'il verrait trois bataillons français déboucher par la route de Berlin, de laisser reposer les hommes de son détachement, de les engager à aller causer avec les Prussiens et à se mêler avec eux, dans

le double but de persuader à ceux-ci que l'occupation de Spandaw était une chose convenue, et de les empêcher de faire feu.

Cet officier s'exécuta avec une rare présence
d'esprit (1).

Au moment même où l'expédition était couronnée d'un plein succès, par l'apparition et
l'entrée des trois bataillons dans la citadelle,
le général Durutte déjeûnait avec le gouverneur prussien, comte de Tummel, qui en reçut
aussitôt la nouvelle.

Ce vieillard, plein d'honneur, désespéré de
l'affront fait à ses chevaux blancs, entraîne
dans son cabinet le général Durutte alors sans
armes, et lui reproche avec l'accent du désespoir ce qu'il appelle une infâme trahison ; ce-
lui-ci s'étonne, et lui demande avec beaucoup
de calme, s'il n'a pas encore reçu l'ordre rela-
tif à l'occupation du fort par les troupes françaises, occupation qu'il lui représente comme
une mesure convenue entre l'empereur et le
roi son maître ; d'ailleurs, ajoute-t-il, si le roi
de Prusse ne vous expédie pas avant minuit
l'ordre de livrer Spandaw, je suis prêt à vous
donner toute espèce de satisfaction ; immédiatement après cette explication, l'aide-de-camp
prince d'Anhalt, muni de tous les renseignemens

---

(1) M. Cervais était attaché à l'école polytechnique
en 1824.

dont il pouvait avoir besoin dans une circonstance si délicate, se rendait en toute hâte à Polstdam.

Cet officier trouve le roi prenant le thé en famille; ayant obtenu une audience particulière, il déclare à Sa Majesté que, d'après les ordres de l'empereur, le général Durutte venait, par surprise, de se rendre maître de la forteresse de Spandaw; que Sa Majesté n'en devait pas imputer le tort à ce général, parcequ'à son refus, un autre en eût accepté la responsabilité, et ne s'en fût peut-être pas tiré sans effusion de sang; il lui peint le désespoir du comte de Tummel, lui fait sentir combien il est urgent qu'il lui envoie, sans délai, l'ordre d'occupation déjà supposé transmis; lui montre Berlin en insurrection dès que la nouvelle de la surprise de la forteresse y serait répandue; il insiste surtout sur la nécessité de cacher à l'Europe l'insulte que Napoléon venait de lui faire, que plus tard, il trouverait peut-être l'occasion de s'en venger, mais que dans le moment présent, on gâterait tout en n'écoutant que la colère......

Frédéric-Guillaume comprit parfaitement ces raisons, fit même remercier le général Durutte d'avoir du moins épargné le sang; et le descendant de Frédéric-le-Grand, dévorant ce nouvel affront, signa l'ordre d'occupation qu'à l'extrême étonnement de la famille royale, il déclara avoir expédié la veille, de son plein gré, au comte de Tummel.

Ainsi, fut conduite et terminée cette expédition : avec moins d'adresse dans l'exécution, et moins d'égards pour un homme d'honneur compromis après le succès, on pouvait révolter Berlin, perdre de réputation un brave gouverneur, et soulever l'Europe justement alarmée d'une pareille surprise; le général Durutte, dans cette délicate et facheuse conjoncture, prévint tous ces malheurs. Ce fait n'admet aucune comparaison avec ceux qui préludèrent à l'invasion de l'Espagne et du Portugal.

Lorsque le général Durutte quitta la capitale de la Prusse, pour mettre Varsovie à l'abri d'un coup de main, le roi voulant lui donner un témoignage particulier de son estime, lui fit don de son portrait. On a souvent entendu dire à ce monarque que : « Si dans ce temps critique, il lui avait été loisible de choisir dans sa propre armée un commandant pour Berlin, il n'aurait peut-être pas trouvé dans ses rangs, un officier plus ferme, plus juste et plus intégre que ne l'avait été le général Durutte. »

Il se disposait à établir une ligne sur la Vistule, mais cédant aux instances du duc de Bassano et du comte Reynier, il organise à Varsovie la 32.e division active, passe le Bug, se réunit au 7.e corps, et marche avec Schwartzemberg sur la Bérésina.

Ce corps, dont Sacken suivait tous les mouvemens, fut assailli à Wolkowisk par les Russes, dans la nuit du 15 novembre 1812. L'attaque mit un tel désordre dans nos rangs, il en
résulta une telle mêlée que les Français tiraient
les uns sur les autres ; mais, le lendemain, à
la pointe du jour, la 32.ᵉ division, électrisée
par son chef, rétablit le combat, et l'ennemi en
perdant l'avantage qu'il avait d'abord obtenu,
eut à regretter beaucoup d'hommes tués, de
prisonniers, et aurait été complètement battu,
si Schwartzemberg eût pris part à l'action : ce
prince probablement déjà instruit d'une partie
de nos désastres de Moscou, entendit notre
canonnade, et ne bougea point (*).

Depuis cette affaire, Sacken après avoir en-
foui presque tout son matériel d'artillerie dans
les marécages, continua sa retraite en Volhi-
nie, avec son infanterie entièrement désorga-
nisée, et nous prîmes la fatale direction de
Minsk, ville située à 18 lieues S. E. de Wilna.

C'est dans cette marche contraire à celle qui
nous avait été primitivement tracée, que nous
fûmes surpris par les grands froids : le thermo-

(*) Le prince Schwartzemberg était à une lieue et demie
du théâtre du combat, s'il eût agi, le corps de Sacken était
entièrement détruit. Dans la mêlée, le général Durutte
perdit son chapeau, on le retrouva le lendemain sur le
havre-sac d'un soldat russe qui avait été tué.

mêtre de Réaumur était, le 7 décembre 1812,
à 27 degrés au-dessous de zéro ; dans une seule
nuit 500 hommes de la division Durutte et 700
Saxons eurent les pieds ou les mains gelés.—
Horrible nuit, suivie de jours mêlant des images
de deuil à celles qui saisissaient l'âme ; tout
semblait conspirer notre ruine : devant nous,
un horizon mat et sans borne ; à droite et à
gauche des forêts chargées de frimas ; derrière,
des hordes de cosaques et des nuées de Cor-
beaux ; la faim, la soif, la fatigue, le froid,
enfin la mort sous tous ses aspects. Le silence
glacé de ces vastes solitudes n'était interrompu
que par le monotone cliquetis des armes et
par le chant rare et saccadé de quelque vieux
soldat.... Parfois, aussi, les noms magiques,
mais alors solennels, de mère, patrie, Napoléon
annonçaient qu'une nouvelle victime exhalait
avec sa dernière pensée son dernier soupir. (*)

Arrivé à Rouyana et Slonim, le prince de
Schwartzemberg ordonna, de sa propre autorité, la retraite sur Varsovie. Après une marche longue et meurtrière, nous arrivâmes sur
le Bug. Des corps de cosaques établis sur le
fleuve, arrêtèrent aux divers ponts, les traî-
neurs de la division française, mais laissèrent

(*) Le chef de bataillon Charmasson qui avait été surnommé le *brave des braves* dans la fameuse 32.e demi-bri-
gade fut au nombre des victimes.

passer les saxons et les autrichiens, auxquels, disaient-ils, ils ne faisaient point la guerre.

La 32.ᵉ division seule au milieu des troupes étrangères qui la sacrifiaient dans les momens de pénurie et de danger, livrée à une administration toute partiale, eut sans cesse à lutter contre tous les principes de destruction.

Combien de fois ne vit-on pas dans ces jours désastreux, le général Durutte suivi seulement de quelques cavaliers, passer au travers d'une nuée de cosaques, jouer sa vie, pour disputer aux administrations saxonne et autrichienne un pain épais et noir qui s'attachait aux doigts, se collait aux parois de la bouche, et sur lequel les malheureux français se jetaient avec la rage convulsive de la faim.

Un autre fléau non moins horrible, et contre lequel la force morale ne peut rien, vint encore ajouter aux pertes que le canon de l'ennemi, les cosaques et les déserts de Novoïdvor nous avaient fait éprouver. Une maladie épidémique moissonnait tous les jours des milliers de Polonais; elle se communiqua à nos troupes, et notre entrée à Varsovie nous fut plus fatale qu'une bataille perdue. Les hôpitaux furent bientôt encombrés de malades, et malgré la sollicitude active de l'abbé de Pradt, et les fréquentes visites que le général Durutte faisait dans ces gouffres infects et dévorants, un billet d'hôpital ne fut plus qu'un arrêt de mort.

Tout concourait à notre ruine, et l'évacuation de la Pologne était impérieusement commandée par la nécessité. Le prince de Schwartzemberg venait de faire part aux généraux Reynier et Durutte, que de nouvelles instructions de sa cour ne lui permettaient plus de suivre les mouvemens de l'armée française, et qu'il ne resterait tout au plus que deux ou trois jours sur la Vistule pour couvrir notre marche, protéger notre retraite, et préparer la sienne sur Cracovie. Alors, le 7e corps s'enfonçant dans les vastes et profonds marais de la Pologne, se retira sur Kalish où il ne parvint qu'après avoir vaincu des obstacles inouis (*).

Là, on commençait à peine à respirer, lorsque le 13 février 1813, le jour même de notre entrée dans cette ville, on fut inopinément assailli, vers deux heures de l'après-midi, par des forces supérieures commandées par Wintzengérode : ce choc fut si peu prévu et si impétueux qu'une partie de nos troupes se trouva

---

(*) Sous le ciel plus doux de la Pologne, la glace cédait sous nos pas. Les hommes s'enfonçaient jusqu'aux épaules et ne parvenaient à sortir d'un marais pour entrer dans un autre qu'en faisant la chaîne et en s'aidant mutuellement des pieds et des mains. Les Français n'oublieront jamais les services que les Polonais leur rendirent, les secours qu'ils en reçurent dans cette marche pénible ; quelques-uns se rappellent sans doute encore le nom de la noble et patriarchale famille de Wilkonski dans le Palatinat de Ravitz.

gravement compromise. Notre position devenait affreuse : la moitié de l'armée était cam-
pée au-delà de la Posna, l'autre cantonnée en-
deçà, et déjà une brigade saxonne surprise
avait été taillée en pièces.

Dans cet instant critique, le général Durutte
fut d'avis de faire repasser la rivière à toutes
les troupes, et de les réunir sur la rive gauche, en risquant de tout perdre pour tout sauver ; mais Reynier personnellement d'une bravoure peu commune, et possédant à un haut
degré les talens militaires, n'y joignait pas celui d'électriser, d'enlever le soldat dans les momens décisifs. Il préféra rester sur la défensive.

L'ennemi avait choisi pour point d'attaque
le faubourg de Kalish, en regard de la route de
Varsovie ; il causait de grands ravages avec
son artillerie et les masses qu'il lançait sur
ce faubourg ; le général Durutte se maintint
dans sa position jusqu'à dix heures du soir,
avec une opiniâtreté qui tenait du désespoir ; il
sauva une partie de la division saxonne Lecoq
et assura la retraite du 7.e corps, mais il perdit
beaucoup de monde, notamment ses meilleurs
artilleurs.

On a peu parlé de cette affaire, parce que
les gouvernemens n'aiment pas à publier ces
sortes de bulletins ; quoique ce soit dans les
retraites que les braves déploient le plus d'é-
nergie, la politique juge souvent à propos de

jeter un voile sur leur dévouement; la sanglante action de Kalish, où la division Durutte se distingua d'une manière si remarquable, en est la preuve.

Le 7.e corps affaibli par de nouvelles pertes, et forcé de laisser ses blessés à Kalish, continua son mouvement de retraite, à la faveur de la nuit, arriva par l'Oder, et pénétra en Silésie par Glogaw.

C'est là que nous comprîmes tous les désastres de la grande armée; les soldats des différens corps, qui s'étaient réfugiés dans cette place de guerre, témoignaient aux nôtres leur étonnement de les voir revenir, tambour battant, mêche allumée, avec toute leur artillerie; en effet, les soldats de la division Durutte avaient, comme ceux de la grande armée, essuyé tous les malheurs produits par la rigueur de la saison et la contagion, mais l'indiscipline, le découragement et la démoralisation ne les avaient point atteint; et ceux d'entr'eux qui succombèrent de froid et de misère en Russie moururent la plupart les armes à la main; cette heureuse circonstance donna à la 32.e division une haute opinion d'elle-même; aussi, sous son brave chef, continua-t-elle de se distinguer pendant la compagne suivante, autant par sa discipline que par son courage.

Le 7.e corps, débris d'une immense armée, faisait seul encore et sans être appuyé sur ses flancs, face à l'ennemi; il se trouvait à plus de cent lieues de nos communications, quand il fut arrêté dans sa marche sur Breslaw par suite de nouvelles conventions faites avec le roi de Prusse ; il se replia sur la Saxe, et passant l'Oder, la Bober et la Sprée, déjà couverts de partis ennemis, il arriva enfin sur l'Elbe, le 9 mars 1813, prit position sur la rive droite dans la ville neuve de Dresde, recueillit le 11.e corps réduit à 2,000 Bavarois commandés par le général Rechberg.

Le général en chef Reynier, insulté peu avant l'arrivée du maréchal Davoust par les Saxons qui, jusqu'alors, avaient honoré son noble caractère et ses talens, quitta l'armée et en confia le commandemeut au général Durutte (*).

(*) Le comte Reynier avait donné l'ordre de faire miner le pont de l'Elbe, son intention n'était point de le détruire, mais d'arrêter l'ennemi. Les habitans de Dresde tenaient beaucoup à la conservation intacte de ce pont, le plus bel ornement de la capitale de la Saxe, et sans contredit l'un des plus beaux de l'Europe : dès que le peuple s'aperçut que des mineurs dirigés par M. Gatte, chef de bataillon du génie, travaillaient à cette opération, il s'attroupa, se rua sur le poste d'infanterie établi à la tête du pont, attaqua les travailleurs, se saisit de M. Gatte et l'aurait noyé, sans un brave officier de la garde nationale de Dresde qui le défendit et parvint à le tirer des mains de cette multitude exaspérée. L'attroupement,

Revêtu du commandement supérieur, il faisait ses dispositions pour défendre Newstad, lorsque le général Lecoq vint le prévenir qu'il allait se retirer sur Torgau; irrité de cette défection qui rompait toutes ses mesures, mais calculant d'un coup-d'œil les conséquences fâcheuses qu'elle pouvait amener, il comprima son indignation, et parvint à décider ce général à n'effectuer son mouvement, que lorsqu'il aurait négocié avec les Russes l'évacuation de la ville.

Il n'adopta ce parti que pour ne pas compromettre le peu de troupes françaises et bavaroises qu'il conservait sous ses ordres, et parce qu'il lui répugnait de livrer à toutes les horreurs de la guerre une ville aussi populeuse que Dresde.

Cette négociation terminée, le général Durutte, pour se mettre en communication avec le vice-roi Eugène occupé à réorganiser l'ar-

---

enhardi par la faiblesse des gardes saxonnes, courut au quartier-général, enfonça les portes, cassa les vitres de l'appartement de Reynier; plusieurs mutins contre lesquels le général en chef refusait d'employer des moyens extrêmes y pénétraient déjà ; il allait infailliblement être victime de sa générosité, lorsque le général Durutte, secondé par plusieurs officiers saxons, prit des mesures vigoureuses ; et dissipa cette masse menaçante. Quelques jours après cette émeute, le maréchal Davoust qui passait à Dresde avec la division Gérard fit sauter deux arches de ce pont.

mée sous les murs de Magdebourg, fit de l'Elbe
à la Sala une retraite d'environ quarante lieues
qui mériterait d'être plus connue. Harcelés
jour et nuit, en tête en queue et en flancs, par
plusieurs régimens de Cosaques conduits par
le général Linewski et le colonel Orlow, atta-
qués deux fois avec la plus grande vigueur, les
débris des 7.e et 11.e corps soutinrent le choc
de l'ennemi, lui tuèrent beaucoup de monde,
lui firent des prisonniers, et entrèrent le
1.er avril 1813 à Iéna, dans l'ordre le plus
parfait (*).

L'activité et la vigilance que le général Durutte déploya pendant cette marche rétro-
grade, furent telles, que les officiers russes
faits prisonniers dans différens engagemens
disaient : « Quel homme est donc votre général Durutte? on le rencontre partout, et quoique nous l'attaquions toujours en forces, on ne
peut l'entamer, ni lui enlever un seul homme,
un seul caisson. »

Il mit en action cet axiôme militaire : « Nihil
in bello oportet contemni. » Il maintint dans
son armée une discipline si admirable, que les
habitans du pays, qu'elle traversait, criaient :
« Vivent les Français. »

(*) Dans une de ces attaques, les colonels et capitaine
bavarois Palm, Hertling et Deer se distinguèrent d'une
manière particulière.

Et cependant, on attribua dans le temps, tout le mérite de cette retraite et de la négociation de Dresde, à un autre général alors absent.

Enfin, le 7.ᵉ corps que la défection des Saxons et le départ des Bavarois avaient réduit aux seules troupes de la 32.ᵉ division, long-temps encore observé, harcelé, rejoignit le vice-roi Eugène dans le Hartz, et le 25 avril, s'établit à Elbengrode pour couvrir avec le corps du maréchal Victor le flanc droit de ce prince (*).

Là, le général Durutte reçut 6,000 recrues, réorganisa sa division, se joignit aux Saxons, qui, sous les ordres de Reynier, étaient rentrés dans nos rangs; et, ne laissant que quelques heures d'intervalle entre la campagne de 1812 et celle de 1813, ou plutôt ne faisant que la continuer, coopéra à la diversion décisive que fit le vice-roi, au moment de la bataille de Lutzen, livrée aux lieux mêmes où périt Gustave Adolphe, prit part à celle de Bautzen qui,

---

(*) A notre arrivée dans le Hartz, le général Rechberg autorisé à rejoindre avec les débris du 11.ᵉ corps l'armée bavaroise qui se réorganisait, fut attaqué quelques jours après nous avoir quittés par un parti prussien et perdit toute son artillerie. — Les officiers bavarois se disaient entr'eux que ce malheur ne leur serait pas arrivé s'ils avaient encore été sous les ordres du prévoyant général Durutte.

au dire de l'empereur Alexandre, devait être le tombeau des Français, et se distingua sur la hauteur de Reichembach, où il commandait l'avant-garde de la grande armée (*).

Tout cédait à la valeur française et au génie de Napoléon; déjà on était aux portes de Breslaw, quand on reçut l'ordre de cesser les hostilités. Une armistice venait d'être conclue entre les puissances belligérantes.

Le 7.e corps campa sur les hauteurs de Gorlitz, près de la Neiss, limite de la Saxe et de la Bohême; au milieu des fêtes qui préludèrent à de sanglantes catastrophes, le général Durutte, déjà baron, reçut de nouveaux titres de noblesse qu'il n'avait pas sollicités; il fut nommé comte de l'empire.

La reprise des hostilités suivit de près cette armistice, que l'artificieuse Autriche avait proposée, sous le prétexte de s'établir médiatrice.

Destinée à coopérer avec les 4.e, 7.e et 12.e corps à la prise de Berlin, la division Durutte courut, le 22 août 1813, toutes les chances du combat du défilé de Wistock, si fatal au brave Franck, chef de bataillon au 35.e léger, et soutint sans s'ébranler trois charges de cavalerie; cette action, une des plus vigoureuses de la

---

(*) En quittant Varsovie, la 32.e division était forte d'environ 9,000 hommes; arrivée à Elbengrode, elle n'en comptait tout au plus que 3,000...... mais quels hommes!

campagne, valut à cette division les éloges des Saxons, et même des ennemis (*).

C'est elle qui, le 23, après la déroute du général Saar et la retraite de Lecoq, supporta tout le poids de la terrible journée de Groos-Beeren, où elle se battit à l'arme blanche avec un acharnement sans exemple.

Le général Durutte avait formé sa division en deux carrés en tête du bois de Groos-Beeren, et au moment même où il recommandait de ne pas se désunir, les soldats du carré de droite, exaspérés par les vociférations, les injures des Prussiens, crièrent en avant, tombèrent sur une de leurs masses d'infanterie et la massacrèrent. Ce transport de courage irréfléchi rompit le carré, et la cavalerie commençant à y pénétrer, en aurait fait un carnage épouvantable, si les hommes qui le composaient ne s'étaient jetés vivement dans le bois ; Durutte parvint à les rallier à son carré de gauche, et exécutant sa retraite en bon ordre, il rejoignit Reynier qui, ainsi que son état-major,

_____

(*) Le commandant Franck reçut à cette affaire un biscayen dans le bas-ventre. Le comte Durutte, s'approchant du grabat sur lequel il gisait, s'aperçut qu'il pleurait : « Quoi, brave Franck, vous pleurez ! — Oui, mon général, je pleure, non sur moi, mais sur vous, sur l'empereur. » Ce furent ses derniers mots. Les paroles d'un mourant sont donc prophétiques !

parut aussi surpris que satisfait de le revoir.
On le croyait perdu ; son nom seul resta
ignoré (*).

L'ennemi aurait été écrasé et l'on entrait
sans coup férir à Berlin, si le 12.ᵉ corps avait
décrit un quart de conversion et atteint le premier la hauteur de Groos-Beeren, mais ce
corps ne bougea point, et par une fatalité bien
déplorable, le 4.ᵉ corps qu'on croyait maître
de son défilé, ne put même déboucher le lendemain. Le défaut de liaison dans les opéra-
tions, l'absence d'une impulsion première rendirent nuls l'expérience de nos généraux et le
courage individuel. Si Napoléon avait apparu
une heure sur la ligne marécageuse de Mitten-
wald, Gunsddorf, Wistock et Trepin, le sort
de la Prusse était encore une fois décidé à
Groos-Beeren.

(*) Dans cette fatale journée, le comte Durutte témoi-
gna plusieurs fois son étonnement de ne pas voir les 4.ᵉ
et 12.ᵉ corps coordonner leur mouvement avec celui du
7ᵉ. Le lendemain, on sut qu'une grave indisposision avait
arrêté le brave maréchal Oudinot, et qu'une pluie inces-
sante avait rendu les chemins impraticables et détruit
l'effet d'une reconnaissance qu'avait faite le comte Guille-
minot à la tête de deux bataillons d'infanterie et d'un
régiment de cavalerie.

Une autre cause de l'échec que nous éprouvâmes à Groos-
Beeren, fut la pluie ; elle tombait si fort, que les fusils ne
faisaient plus feu.

L'étoile de Napoléon commençait à pâlir; le comte Durutte, persuadé que désormais les destinées de son pays étaient liées à celles de ce grand capitaine, semblait redoubler de zèle et d'énergié, à mesure que la puissance de nos armes s'affaiblissait.

Aucun guerrier n'épargna moins sa vie à la sanglante bataille de Iüterbock-Dennevitz livrée, le 6 septembre 1813, à la landwer prussienne et aux Suédois. S'il avait dû mourir sur un champ de bataille, Iüterbock eût été son tombeau. Ney, général d'inspiration, envoyé par l'empereur pour rétablir nos affaires en Prusse, crut un instant que la 32.e division déciderait la victoire; animée par un chef toujours prêt à payer de sa personne, elle ne se retira que lorqu'elle fut débordée, presque cernée, et paya cher la faute qu'avaient faite les 4.e, 7.e et 12.e corps d'attaquer l'un après l'autre (*).

Foudroyés par une artillerie supérieure à la nôtre, établie sur la seule hauteur qui dominât une pleine immense, écrasés par le nombre, et aveuglés par une poussière que chassait avec violence un vent du nord, nous nous repliâmes

---

(*) Le maréchal Ney dans son rapport à l'empereur dit positivement : La division Durutte donnait bien, et tout me présageait la victoire. etc., etc.

sur D'hame et Torgau ; le comte Durutte prit le commandement de l'arrière-garde (*).

Les généraux, aigris par des événemens si malheureux , se rendirent le lendemain de notre arrivée à Torgau chez le maréchal Ney. On commençait, en sa présence, à se faire mutuellement des reproches très-vifs , et la discorde menaçait d'ajouter encore à nos désastres , lorsque Ney prenant la parole , dit avec beaucoup de dignité : « Nous venons de perdre » une grande bataille ; chacun a fait son de- » voir; seul je suis responsable : l'empereur » peut disposer de ma tête, je vous donne ma » parole que pour la sauver , je ne lui adresse, » et ne lui adresserai aucune plainte. Rallions » l'armée, et marchons à l'ennemi. »

Ces paroles calmèrent les esprits, et en peu de jours, nous fûmes en état de reprendre l'offensive.

Cependant, le moment approchait où la coalition allait se mesurer en masse avec la grande armée ; depuis la catastrophe de Bohême causée par le courage irréfléchi de Vendamme, depuis les désastres de Macdonald dans les marais de la Silésie, et ceux non moins déplorables que nous avions essuyés dans le Brandebourg

---

(*) La partie de l'armée qui se dirigea sur D'hame y trouva l'ennemi déjà établi, et eut là un engagement assez sérieux.

et en Thuringe, Napoléon toujours victorieux
où il se transportait, sentit la nécessité de quitter Dresde, dernier théâtre de sa gloire, de
réunir sur un seul point toutes ses forces du
Nord, et d'anéantir d'un seul coup la coalition,
ou de tomber devant elle.

Dès le 16 octobre 1813, une effroyable déto-
nation qui se prolongeait sur toute la ligne en
avant de Leipsick, semblait annoncer une bataille décisive.

Il n'appartient qu'à l'histoire de parler de
cette gigantesque lutte de trois jours, qui pré-
luda par le combat opiniâtre de Dœlitz-Dœsen,
et qui prit un caractère terrible par le foudroie-
ment des corps de Zieten et de Beningsten, et
par l'héroïque constance de nos troupes sur le
plateau de Probsteyde. Qu'il nous suffise de dire
que le mouvement un instant offensif de ces
troupes, les énormes pertes du généralissime
prince Schwartzemberg, le temps d'arrêt de
l'armée combinée, l'attitude imposante de
quelques corps rangés circulairement autour de
Leipsick, et Napoléon prêt à fondre sur l'ennemi
à la tête de sa réserve, tout nous promettait
un résultat aussi complet que décisif. Encore
quelques efforts, quelques preuves de fidélité,
quelques actes de dévouement, et cette innom-
brable coalition si fière de ses succès qu'elle ne
devait point à ses armes, si confiante dans ses
masses compactes, et qui parlait déjà de repré-

sailles, tombait de toute sa hauteur, et reve-
nait aux pieds du colosse victorieux, implorer
sa clémence ; alors, comme auparavant, nous
aurions vu monarques et chefs étrangers faire
antichambre aux Tuilleries, mais les Saxons
infidèles à notre cause que leur roi n'avait jamais trahie, eurent la lâcheté d'abandonner
leur général, le brave Zeschau. Ils passèrent à
l'ennemi, et laissèrent un vide immense dans
notre ligne qui se trouva coupée ; cette défection en amena d'autres, et la victoire nous
échappa (*).

Le rival de Dessaix, Reynier que les Egyp-
tiens avaient surnommé l'*homme à une seule
parole*, désespéré de la défection des Saxons,
se jeta au milieu des tirailleurs ennemis, et
trouva la captivité où il cherchait la mort; Po-
niatowski fut plus heureux, il périt.

Isolée par la trahison des Saxons, attaquée,
enveloppée par l'armée suédoise et par le corps
de Wintzingérode, la division Durutte présenta
partout un front impénétrable, soutint seule le
choc de forces aussi disproportionnées, et disputa long-temps le terrain pied à pied.

Le pont de Lindow était le point le plus important à défendre pour assurer la retraite. Le
général Durutte s'établit en avant de ce pont et

(*) 500 hommes imitèrent la noble conduite du général Zeschau.

donne sa parole à l'empereur de s'opposer vingt-quatre heures, s'il le fallait, à la marche des coalisés ; mais l'ordre de faire couper le pont empêcha ce brave de se sacrifier.

Le plus grand homme de guerre ne peut tout prévoir, tout calculer. Napoléon avait fait la faute grave de compromettre une grande partie de son artillerie et une grande quantité d'équipages. Le comte Durutte les sauve à Freybourg, après un combat opiniâtre, où il perd 600 hommes, et arrive à temps à Hagueneau, pour soutenir Marmont aux prises avec les Prussiens.

La grande armée traversait en toute hâte les mêmes lieux que naguère elle avait parcourus triomphante ; elle saluait déjà de loin, sous de bien tristes auspices, le sol de la patrie, mais pour toucher ce sol sacré, il fallait encore des prodiges de valeur. Wrède à la tête d'une armée bavaroise, avait juré l'extermination des débris échappés à tant de combats. Décidés à tout prix à se faire jour avant que toutes les forces de la coalition ne les eussent enveloppés, nos braves ajoutent encore une page brillante aux fastes de notre gloire, en écrasant de tout le poids de leur infortune, de leur désespoir et de leur courage cette formidable armée, et repassent, en novembre, le Rhin qui fut et devrait être encore frontière de France.

Le général chargé de l'arrière-garde, établit une ligne de Mayence à Coblentz, défend le le passage du Rhin jusqu'au dernier moment ; sauve plusieurs détachemens, et secondé par le général de division Ricard, effectue sa retraite sur Metz : il cède sous ses murs , les deux tiers de son monde au maréchal Marmont, et prend le commandement de la place de Metz et de la 3.ᵉ division militaire.

Le blocus de Metz est pour lui un nouveau titre de gloire.

Cette ville de guerre, la plus importante de France, était dans un délabrement extraordinaire; elle manquait de ponts-levis, de soldats, d'approvisionnemens, et avait ses hôpitaux encombrés de malades. Si Blücher avait connu le véritable état des choses, cédant au désir du roi de Prusse, il l'aurait aussitôt attaquée : il se borna à l'investir.

Appréciant l'importance de son commandement, le comte Durutte se crée des ressources, anime, entraîne, par son exemple, les autorités qu'une espèce de stupeur semblait avoir frappées , visite les magasins , les hôpitaux : approvisionne les uns , dispose les autres, ravitaille la place, stimule la garde nationale, donne une impulsion sage et patriotique à toute une population , fait des sorties meurtrières, et pendant trois mois, en face de 40,000 hommes, entretient les communications libres entre Luxembourg, Thionville, Sarlouis, Saurbruck, Longwy, Sedan , Verdun, inquiète les derrières de l'armée qui avait envahi la Champagne, et devient l'idole des habitans et des soldats (*).

Ce fut alors que Napoléon lui rendit publiquement, mais tardivement, justice. Une nuit, ce prince qui luttait en Champagne avec tant d'énergie et de talent contre toute l'armée coalisée, étant à tisonner son feu de bivouac, entendit un de ses aides-de-camp parler de la reddition de Metz.—Que dites-vous, général? demanda-t-il avec vivacité.—Sire, on prétend que l'ennemi est entré à Metz. — Qui commande à Metz ? — Le général Durutte. — Le général Durutte ! je n'ai jamais fait de bien à cet homme-là, Metz est toujours à nous.

Le malheur apprend à connaître les hommes ; cet éloge que n'ont pas toujours mérité ceux que Napoléon avait le plus comblés de faveurs, de distinctions et de richesses, s'il fait honneur à son jugement, n'en fait pas moins au caractère personnel du comte Durutte.

Tandis que Napoléon attristait de ses adieux et de ses larmes les mêmes lieux naguère témoins de sa toute-puissance, la proclamation de St Ouen promettait un terme à nos calamités, et les Bourbons remontaient sur le trône de leurs ancêtres.

(*) A la levée du blocus de Metz, les habitans firent don d'une épée au général Durutte.

Louis XVIII, du fond de son exil, s'était énor-
gueilli de nos hauts faits d'armes ; il se plut à
conserver dans leur poste les généraux qui
n'avaient dû leur élévation qu'à ces mêmes faits
d'armes. Dès lors, le comte Durutte s'occupa,
dans l'étendue de la 3.e division militaire, à
réparer les maux produits par la guerre. Il fit
un appel à la justice du nouveau souverain, en
faveur des braves qui avaient servi sous ses
ordres.

Sans insulter, comme tant d'autres, aux in-
fortunes d'un grand homme, dont la gloire est
devenue notre propriété, il mettait ses soins à
faire respecter l'autorité royale, à rallier tous
les Français, par le sentiment de l'amour et
du devoir, lorsque Napoléon débarqna à Can-
nes. Ce prince, précédé de son illustration militaire et de la promesse tardive de consacrer les
bienfaits de la révolution par des institutions
dignes d'un grand peuple, s'avançait à pas de
géant vers la capitale, et y faisait son entrée le
20 mars 1815.

A la première nouvelle de l'installation
de l'empereur aux Tuilleries, le comte Durutte dit à haute voix devant son état-major :
« L'apparition de Napoléon, dans les circons-
» tances présentes, est un malheur, mais
» il n'y a pas à balancer, le pays est menacé
» d'une deuxième invasion, notre devoir est de
» vaincre ou de mourir à la frontière. » Peu de

jours après la bénédiction des drapeaux, il était au poste du péril et de l'honneur, et l'une des premières victimes du patriotique dévouement qui livra les Français les plus dignes au dédain ou la persécution, à l'exil ou à la mort. (*)

En effet, laissant dans la 3.ᵉ division militaire des souvenirs qu'aucune célébrité ne voudrait

---

(*) Son chef d'état-major, le colonel Gordon, officier aussi remarquable par la puissance de son organisation morale et physique que par une bravoure à toute épreuve, venait d'épouser une charmante veuve de Metz, M.ᵐᵉ Lambert : Placé entre son affection et son devoir, il hésitait à courir les chances de la campagne qui allait s'ouvrir : « A votre place, lui dit le comte Durutte, je resterais à Metz ; restez, et je vous promets, si la fortune est favorable à nos armes, d'expliquer votre inaction d'une manière qui ne vous soit pas nuisible. » Fort de l'assentiment d'un si bon juge, il se décide à ne pas quitter sa famille, mais au moment des adieux, ses larmes coulent, et mu, autant par son attachement pour son général, que par un sentiment, que les militaires seuls peuvent comprendre, il se dérobe aux prières, aux caresses d'une jeune femme adorée et enceinte, et court affronter de nouveaux hasards.

Il s'était battu bravement à Mont-St-Jean, et se retirait sain et sauf, lorsqu'approchant seul de Condé, il eut la décevante idée de sommer cette place de se rendre au nom du roi. Il est introduit, on lui demande ses papiers, ses pleins-pouvoirs ; sur l'impossibilité de les exhiber, le général B*** lui prescrit jusqu'à nouvel ordre les arrêts forcés ; mais considéré comme traître ou espion par quelques personnes qui entouraient le général B***

répudier, il ceignit l'épée que les Messins lui
avaient offerte comme un gage de leur haute
estime et de leur reconnaissance, et, chef de la
4.e division du 1.er corps formant l'avant-garde
de la grande armée, se trouva, le 16 juin 1815,
en présence de l'ennemi (*).

Dans cette journée et les deux qui suivirent, il
eut plus d'une fois occasion de donner des preuves
de son dévouement et de son courage, mais la
fortune trahit nos aigles, et le général Durutte,
ce même homme qui, dans nos guerres de la
révolution, avait essuyé le premier coup de feu
de l'ennemi, reçut le dernier à Waterloo (**).

---

au moment de l'entrevue, il périt, à l'âge de 34 ans, de
la manière la plus déplorable, dans le trajet de l'hôtel du
gouvernement au lieu de sa détention.

Une particularité de la vie du colonel Gordon, c'est
qu'au cap de Bonne-Espérance, à Amsterdam et à Gorlitz, sous des latitudes si différentes et à des époques
fort éloignées, on lui avait prédit qu'il ne passerait pas
sa trente-quatrième année. Après la bataille de Leipsick
où son épée avait été brisée et ses vêtemens criblés de
onze balles sans qu'aucune ne l'eût atteint, il disait en
riant, qu'il avait cru, un instant, dans la chaleur de
l'action, que la prédiction s'accomplirait. Il avait alors
32 ans.

(*) S'il appartient à quelqu'un d'apprécier ces souvenirs, et de jeter quelques fleurs sur la tombe du général,
c'est à M. le comte de Vaublanc et à la famille de Beur-
nonville.

(**) Le comte Durutte reçut à Waterloo deux coups de

Il ne se retira de ce champ de carnage, qu'aveuglé par le sang qui jaillissait d'une blessure à la tête, et perdant à Waterloo, une main qui qui avait si souvent moissonné des lauriers, il ne recueillit, à l'âge de quarante-huit ans, pour prix de tant et de si héroïques travaux, que *retraite* et *oubli.*

Tel a été le rôle que le lieutenant-général comte François Durutte a joué dans le grand drame qui a duré de 1792 à 1815.

Soldat, il a vaillamment combattu sur la frontière, a conquis ses grades, ses décorations et ses titres à la pointe de son épée, au prix de son sang. Il fit tout pour la gloire et rien pour la fortune; il traversa sans tache, cette révolution de 93, si grande au-dehors, si souillée au-dedans; et ne différant jamais de lui-même, il n'eut rien à désavouer dans le passé.

Etranger à toute espèce d'enivrement dans la prospérité, calme, inébranlable dans l'adversité, sa vertu toute virile fut à la hauteur des événemens qui placèrent le grand empire au comble de la puissance et bientôt de l'infortune.

Après trois ans d'exil, il coopéra en 1809 d'une manière extrêmement remarquable à nos succès d'Italie et d'Allemagne, fit repecter, honorer le nom Français dans les Pays-Bas,

---

sabre, dont l'un lui fit une balafre à la figure, et dont l'autre lui abattit le poignet droit.

donna à une tête couronnée une haute idée de
notre caractère national, remplit une mission
délicate et pénible, avec une sagacité, un tact
qui suppose un mérite plus rare que le courage,
fut toujours au poste du danger dans nos mémo-
rables et désastreuses campagnes de 1812, 1813,
1814 et 1815; et soit qu'il ait combattu comme
simple volontaire, ou à la tête d'une division ,
d'un corps d'armée , ou qu'il ait été chargé de
la défense de notre plus importante place de
guerre, il a été prodigue de son sang, avare de
celui des autres.

Plein de droiture et de désintéressement ,
il regardait l'accomplissement de ses devoirs
comme une obligation trop douce pour lui mériter des éloges; estimé mais peu aimé de Napoléon, il vit, sans murmurer, son nom rayé
des bulletins de l'armée.

Seulement, quand ses yeux s'arrêtaient sur
un nom substitué au sien , s'il s'agissait d'un
général qui eût droit à son estime , il s'en ap-
plaudissait au lieu de s'en plaindre, et disait en
souriant : *Sic vos non vobis*.

Il mettait tous ses soins à se faire pardonner le
bien qu'il faisait ; il en fit beaucoup, cependant
jamais assez au gré de son cœur ; lui, qui n'a-
vait eu d'autre protecteur que lui-même, le fut
toujours du talent, de la probité et du courage,
quand, en 1814, à la rentrée des prisonniers
qui passaient à Metz, il reconnaissait quelques

vieux soldats de sa division, sa bourse était
bientôt épuisée.

Les grandes occasions le trouvaient toujours
dévoué, résolu, prompt et heureux ; dans les
choses ordinaires de la vie, sa bonté naturelle
devenait dominante ; il aimait mieux suivre
l'avis de ses amis que de leur imposer le sien.

Il avait le sentiment intime du beau, aimait
à fréquenter nos ateliers, préférait dans les
arts les écarts du génie à tout ce qui sent la
routine ou le fini du métier ; la vue d'un chef-
d'œuvre excitait au plus haut point son admi-
ration ; et souvent, il présentait avec urbanité
des observations dont la justesse et la lucidité
frappaient nos artistes. Un jour, sortant de
l'atelier de Paul Delaroche, qu'il avait trouvé
livré à toute la chaleur de la composition, il
prédit que ce jeune homme irait loin, et de-
viendrait le plus ferme soutien de notre école
de peinture. Paul Delaroche a, depuis, justifié
cette prédiction, par des œuvres admirables,
et par son entrée à l'Institut.

Il recherchait la liberté par sentiment, la
défendait par conviction ; et s'il regretta de voir
la plupart de ses cadets de gloire, arriver sans
lui à la chambre des pairs ou à la chambre élec-
tive, c'est que fidèle à son mandat, comme il
l'avait toujours été à l'honneur, il aurait pu
servir son pays, de sa parole, comme il l'avait
servi de son épée.

Sous un abord froid, il cachait une âme de feu ; quand il s'épanchait dans l'intimité ou qu'il abordait les hautes questions politiques, il élevait notre intelligence à la hauteur de la sienne, nous faisait toucher au doigt, des rapports, des aperçus dont on ne se serait pas douté : on le quittait avec une meilleure opinion de de soi, et incertain de ce qu'on devait le plus louer en lui, ou ses hautes conceptions ou ses modestes vertus, mais toujours avec le regret de voir un pareil homme cacher sa vie, éloigné de l'oreille des rois.

Depuis quelque temps une maladie grave, qui ne devait avoir d'autre terme que son existence, minait visiblement ses forces : il supporta avec une résignation stoïque des souffrances inouïes. Toujours occupé de la France dont la gloire et le bonheur firent les deux passions de sa vie, ses dernières paroles, ses derniers vœux furent pour elle.

Enfin, ce digne citoyen, cet honnête homme, ce modèle des braves, des amis et des pères, qui avait affronté la mort sur tant de champs de bataille, a cessé de souffrir, le 18 avril 1827, à Ypres, théâtre de ses premiers exploits, au milieu d'une famille éplorée, emportant les regrets de ceux qui aiment le véritable héroïsme, et qui apprécient les hommes, non ce qu'ils paraissent valoir, mais ce qu'ils valent réellement.

Les Belges ont rendu au général Durutte, les mêmes honneurs militaires que jadis les Autrichiens rendirent à Marceau. Si le lieu de la scène et l'uniforme n'avaient pas rappelé la terre étrangère, on aurait pu croire que ses anciens frères d'armes s'étaient réunis pour remplir ce pieux et douloureux devoir.

La ville de Douai fière de l'avoir vu naître, se propose d'élever à sa mémoire un monument patriotique. Heureux si on lui rend du moins après sa mort, la part de gloire qu'une sorte de fatalité lui disputa pendant sa vie : *Suum cuique.*

FIN.

Douai. — Imprimerie de J. JACQUART, rue St. Thomas, 24.

www.ingramcontent.com/pod-product-compliance
Lightning Source LLC
LaVergne TN
LVHW022033080426
835513LV00009B/1022